U0098123

太太

馬修／著

之 不管神隊友還是豬隊友，
你就是我一輩子的牽手！

感動～

先生

我會一直畫下去的

二千多張的插圖，

就代表我和太太，已經在一起二千多個日子。

有人每天寫日記，

然而我是每天畫一張插圖，記錄我和太太的生活。

而且是從和太太交往第一天開始。

還記得我們剛交往的第一天，

2011．8．9那天，是個下雨天。

那天在MSN，她跟我聊天，

表示心情不是很好，蠻不開心的。

當下，其實除了安慰，

我其實也沒有什麼方法，可以讓她開心。

後來我就一直在思考，如果我的另一半心情不好時，

我除了安慰還能做什麼？

突然靈光閃出了！

一部曾經看過的日本電影《我與妻子的1778個故事》

內容是一個小說家，因為太太得了癌症而且已經到了末期，

所以他決定每天為她寫一則故事，帶給她勇敢對抗病魔的鼓舞。

原本被醫生宣布只剩一年壽命，竟奇蹟延續了五年的生命（1778天）！

「對厚～我可以每天畫一幅插畫給她啊！」

說不定她看到會開心，也會把一整天的不愉快都拋開。

於是我便開始了每日一圖，到現在已經是兩千多個日子了。出遠門、出國我也從不中斷。

所以旅遊時，手繪版和筆電，也會一起帶出門！有時也會用手繪。

而且，就算和太太有一點點小爭吵時，我也是沒停過每天給她的一篇小插圖。

很多人問我：「為什麼這麼堅持每日一圖？」甚至有朋友跟我建議，結婚後就可以不用堅持了啊！

但我還是堅持繼續每天畫一張！

因為這是我，每天都能讓太太開心的一種方式。也像我和太太的日記，現在加上了我家鵝子，我希望可以持續畫到他長大！讓他看看我們的日記。

而且更重要的是，這是我對太太愛的一種表示。也是因為有她，才有這本圖文創作！

Matthew

Contents 目錄

CHAPTER 02

當太太這麼做，表示她愛死你！

Contents 目錄

CHAPTER 03

這才是寵愛太太的正確態度！

．
．
．
．

CHAPTER 01

男生女生
本來就不一樣啦！

關於吃飯這件事

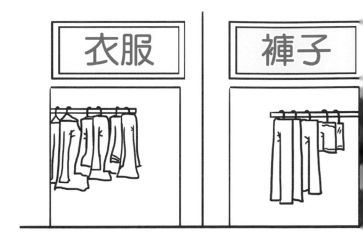

衣服　褲子

如果太太睡沙發

如果先生睡沙發

當蚊子飛來時

● ● ● ● CHAPTER 01
男生女生本來就不一樣喵！

如果你覺得枕邊人，交往時和婚後判若兩人，
那真的不是太太有問題 。

因為，男生女生本來就是兩種不同的動物啊！

女生本來就是這樣，
這一秒說不想吃，下一秒說嘴饞⋯⋯
一下子生氣，一下子又笑了⋯⋯

總是愛作弄最愛的人⋯⋯
但是當老公需要幫忙時，
絕對會變身女超人，而且絕對相挺到底的。

女生總是這樣

你可以不用大富大貴
但一定要全心全意愛我

必要時，視而不見

我覺得剛走過去的女生
很正而且身材又好
你覺得咧？

剛...剛才
有人...走過去嗎？！

花和現金一樣重要

腦公～
謝謝你的花
好愛你喔～

我以為浪漫的雙魚

花其實可以不用
換現金就好！

結果是……

有些日子不能忘

你記得...
今天是什麼日子嗎？

結婚紀念日？

認識週年慶？
慘了...

今天星期五啦！
很笨耶你！

我愛幾次都不夠

當女人迷路時

早餐很重要

都聽妳的

你先聽我說

腦波～
我跟妳說～

⌣#ⓖ!⌣*!!一*
☺(*)$*#ⓖ+*○
◡*○!+ⓖ**+$

你剛才要說啥？

我忘了...

就只是想吃嘛

妳要不要買點東西回家吃？

不要！好脹了
晚餐吃好飽

確定不要？

不要了啦！

回家不久後····

誒？
我剛剛
是不是在路上問妳…

腦公～
拜託拜託～
幫人家買啦～

FB有人Po鹹酥雞耶
好好吃的樣子～
好餓喔～

夢裡也要愛

早安～
腦殘

啊！
幹嘛捏我！

捏

昨天夢到
你劈腿！

女生說愛的方式

幹嘛沒事
打人家啦...

因為大家都說
打是情罵是愛啊

太太滿滿的愛

肚肚長出來了...

來～好吃的甜不辣喔～
等等還有我吃不完的豆花
和超大大雞排喔！

男生，結婚後和結婚前有什麼不一樣？

應該沒什麼不一樣的。

婚前，跑腿代勞，呵護到極點⋯⋯

婚後，還是要一樣啊！因為她是你太太了！

交往時，時常約會享受兩人時光，

婚後，打掃乾淨後，在家裡~~開車~~約會也是種浪漫。

兄弟們！請把交往時的愛火與情意帶到婚姻裡，

這樣我們才有機會打電動啊！！！

男生通常是這樣

總是為腦公著想，雖然……

腦公～
你9次(台語)可以嗎？

當然可以！
小看我哦妳～

一種不能被小
看的男性尊嚴

哎呀～
是高鈣奶粉呀～

??

一起蓋被被吧

有些話不好說

腦溏～
朋友說我ㄒ一ㄥˋ很好

哪個朋友？
女的是吧!!

要先吃飽啦

好感動～
腦公總是很關心我

我是炫妻達人

你看～這是我太太
其實我是一個怕老婆的男人

你是應該怕

一起洗澡嘛

好累喔～懶得洗澡..
腦公～你可以幫我洗澡嗎？

好喔～
沒問題～

還是不用了...
讓你洗...我應該會更累

關燈，不行嗎

太太～
結婚 5 週年快樂～

好開心～

那今晚應該可以…

不可以！

網美女友

馬修休看這個女生
長得還好，身材也普通
這樣也能當網美喔～

那她給你當女朋友
你要不要？

要！

緣分很奇妙，當我第一眼看到太太時，
除了一見鍾情，我還知道她就是我這輩子的伴侶了。
即便如此，當她願意當我太太時，我還是很激動。
這代表著，她決定從此就要跟著我一輩子了！
一輩子，真的很長……
柴米油鹽醬醋茶等真實生活都要一起過。
這麼重大的承諾，怎能不好好守護呢！
你說是吧！

男女在一起就該這樣

乾...
排隊也太長..
不想買了...

好多人啊~
好熱鬧~

一邊排隊一邊聊天培養感
情，時間也過得比較快。

願意為了妳

其實我很不愛出門

但為了妳……我很願意改！

CHAPTER 01
男生女生本來就不一樣啦！

我愛妳更多

男人和女人，都需要溫柔和撒嬌……

不能凶老婆

太太～不要再滑手機了～
妳最近都滑到很晚睡

沒有啦… 我只是..
跟妳講而已..好啦好啦
妳..繼續滑…

你凶我～

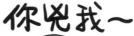

54

但老婆可以捏我

超感動的片刻

聽到腦公這個名詞，有時候還是會很感動……

夫妻就是這樣

腦婆～ 新衣服嗎？
很好看耶～

腦公～
你的肚肚...
好像又長大了一些

我們時常關心著對方的變化

不要遲到

妳到了啊～
還好我只晚了一分鐘～

管你幾分鐘
比我晚到
就是遲到！

女人撒嬌

帶我出去玩
帶我去吃美食
假日你顧小孩
我想買衣服
家事交給你
說愛我
去買宵夜
幫我按摩

關火燈

.
.
.
.

CHAPTER 02

當太太這麼做，表示她愛死你！

太太的撫觸

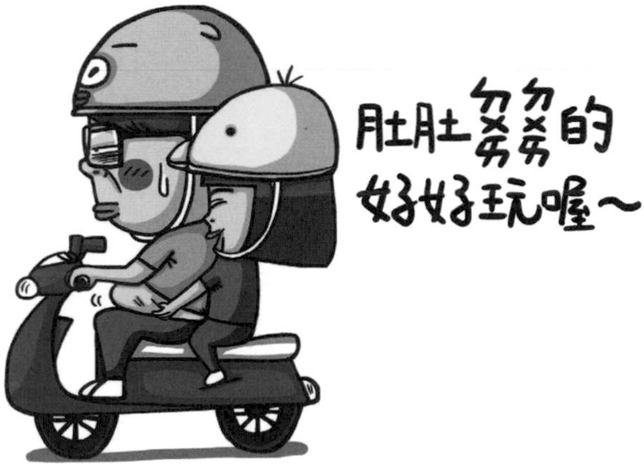

太太喜歡我的地方

太太說她喜歡我的節儉。
因為……

將來錢都是她的！！

太太說她喜歡我的安靜內向。因為 ……

她發飆時我會乖乖的。

情侶、夫妻間的肢體接觸……

其實也是充滿樂趣的。

注意！我是說日常生活中的那種肢體接觸，

不是關燈後的那種！

情侶間摟摟抱抱表達愛意，

夫妻之間當然也可以天天親親抱抱，

不過呢，**我家太太有她獨特的肢體接觸方式**，

來傳達她的愛。

雖然帶給我強烈的感受，但這樣的太太，

真的很可愛呢！

太太對你上下其手

太太幫忙打理門面

你後面頭髮剪歪了
我幫你修一下

腦婆~
妳真好~

我是怕跟你走在一起
很丟臉！

誰叫我愛妳呢

腦公～
給我捏一下！

才不要咧‼

你愛不愛我⁈

感動ㄌㄝ～

痛...

直接被撲倒

依舊讓人心動的牽手

說話的藝術

穿襪子睡覺好了

我知道妳很想我

我要回鄉下了哦～
這麼冷的天氣
乖乖在家不要亂跑
記得想我
不要熬夜
不准偷看愛情動作片
知不知道！

好啦～

我是暖男

慘了...

生氣，是人之常情。

只是太太這種生物，生氣的頻率偶爾會比較高一點。

不過呢？大家可以想一想太太都什麼時候生氣呢？

家裡沒整理好的時候？太晚回家的時候？

一直打電動都不理她的時候？

這樣看來，根本是先生惹太太生氣啊！

而且，太太會因為這些事情生氣，

表示**她．很．愛．你！**

太太生氣了

噓……跟著運動就好

夏天到了
該運動了

是該做了～
妳最近有點胖

慘了...

霸氣也要看時機

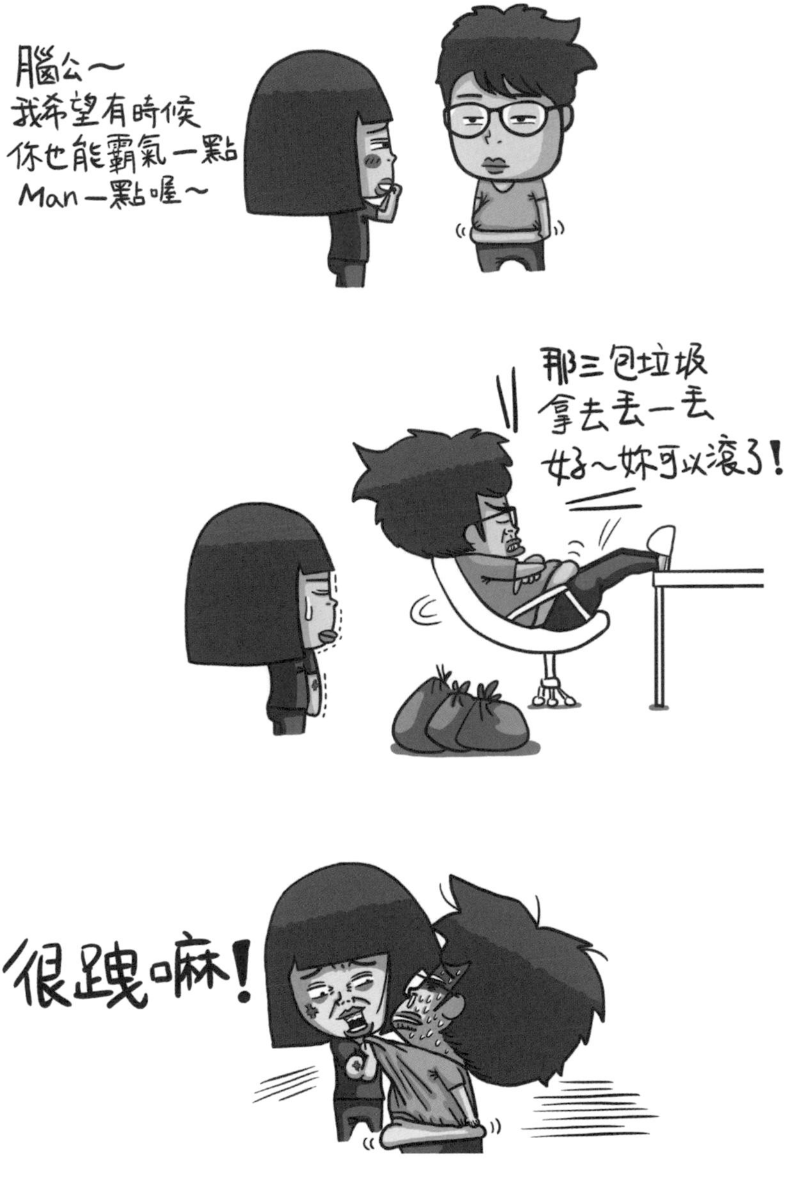
腦公～
我希望有時候
你也能霸氣一點
Man一點喔～
那三包垃圾
拿去丟一丟
好～妳可以滾了！
很跩嘛！

為太太保持身體健康

你看你的頭
又抓到流血了!
叫你去看醫生
還一直拖!

抓
抓
找時間會去看啦～

好阿!隨便你!
那你以後...
別想碰我!!

哦!偶錯了～
我明天馬上去看!

回不去的身材

過年快到了
你的褲子要不要
整理一下

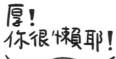

厚！
你很懶耶！

不是我懶啦..
變這麼胖
都穿不下了！
還整理幹嘛啦..
都捐出去吧...

太太打掃很辛苦的

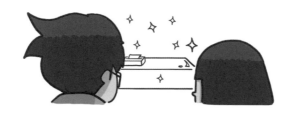

太太有點潔癖,所以家裡常常
乾乾淨淨的,讓人住得很舒服。

我剛打掃完～
餅乾屑屑別給我掉下來!!

太太的痘痘不要說出來

妳背後長好多痘痘喔～
以後叫妳George 吧～哈哈

被捏

小孩比太太重要

大家都說
爸爸最疼女兒
但我覺得
只要是自己的小孩
不管是兒子或女兒我都愛啊～
而且除了他們～
別人我都不疼！

那我咧！那我咧！
我咧！！我咧！！我咧！！
我咧！！我咧！！我咧！！

當然會啦..

是不用疼我了哦！！

麵疙瘩也比太太重要

呃..
你不是都說~
你的最愛是我！

好吃~
麵疙瘩真的是我的最愛啊~

你說說看
你說說看啊!!

不是啦..麵疙瘩
當然是...排在你之前啦~

好痛~

乾..口誤..

年齡真的不好說

是妳老了～

我接下來是家庭任務
霸王太太龍..
各位應該幫不上忙

玩太晚了吧！

幽默感超重要的。

在追求階段，幽默感可以逗女生開心，

當看到那燦爛的笑容，整顆心也跟著暖了起來！

然而，這當然不是男生的專利，

女生也很有幽默感的！

尤其當變成太太的時候，幽默感不減反增，

那肯定超級愛你。

太太好幽默

太太駕到

腦潛～
上次買的紙
還有剩嗎？

剩紙到！
奉天承運皇帝昭曰
馬修～
你要服侍太太一輩子
不得有怨～

喳

甜死人不償命

腦公～
我想去清境農場～

恩?
我和你都去過了啊～

可是我們沒有..
一起去過～

最佳女主角

腦婆～我也要
牽我～

CHAPTER 03

這才是寵愛太太
的正確態度！

當腦公的就該這樣

永遠做妳的聽眾
傾聽妳的快樂與難過
也會做妳一輩子的靠山

變身歐巴

아름다움(美女)
給約嗎～

只要一個擁抱就夠

回到家

第一件事，就是先抱抱妳！

男為悅己者肥

肚肚很肥美喔～

電影裡的英雄都是這樣的，
為了保護心愛的女人，不惜付出一切。
我們就算因為肚子肉太多，沒辦法穿緊身衣當英雄，
但是，可以有英雄的氣魄與態度。
出門在外，保護老婆，安全第一，絕對必要！
就算老婆不在身邊，也要心繫老婆！

出門在外要放閃

最適當的距離

這個位置蠻剛好的
我們站這個距離聊吧～

異性同事

用肉身保護妳

搭手扶梯時，永遠都要站妳前面。

去上班，我載

但還是會起床載妳去上班的！

心意100分

這口罩好像不錯耶～
功能性很棒又耐用
來買一個給太太

好醜

牽手一輩子

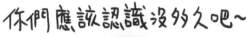

手一直牽那麼緊～
你們應該認識沒多久吧～

我們在一起
快7年了喔～

一定要讓太太找得到

你在幹嘛?
抓寶喔～

這間店沒wifi,訊號也不好
我怕我太太如果找不到我
我回家一定會被捏了...

這確實是件大事...
那要不要換一間店吃飯...

CHAPTER 03
這才是寵愛太太的正確態度！

兩個人成為夫妻後，就是一個家庭了。
一起生活的家，也隨著時間一天一天過去，
變得意義非凡。
有時候就連兩個人窩在家裡，也能感覺無比幸福。
我想，這就是家的意義，伴侶的意義。
不一定要上山下海，只要身邊有所愛的人，
家裡，就是全世界。

在家窩著超開心

兩個人就很開心

家庭煮夫

煮給心愛的人吃，很幸福。

沙發就是要給人窩的

妳在身邊就好

腦公～對不起...
讓你陪我浪費二小時
看了一部不好看的電影...

怎麼會呢～
只要能陪妳～
都是最珍貴的時間啊～

男子漢當如是

什麼都可以給妳

呃～冰箱裡只剩一杯果汁了～
一人一半吧～

都給妳喝吧～
看著妳喝我就開心了～

每個月最基本的工作

親戚又來找我了...
肚子好不舒服.....

隔天早上

黑糖水

巧克力

兩個人相處，有很多大大小小的摩擦，

當然也有很多只有兩個人才能體會的樂趣。

不管吵架或是開心，

都是兩人情感的一部分。

事實上，**會留在回憶中的，真的只有快樂的場景。**

所以呢，為了讓自己和太太有超多的快樂回憶，

我可是非常認真的經營兩人的小世界，

你也一起吧！

兩人的小世界

女拳時代

妳放心~
對妳的感情永遠不會變的
就算是結婚後也是一樣

結婚後第一天

這麼好喔～
是要把我培養成巨星嗎!?

從今天起～
我就是你的經紀人了喔～

是經濟人
負責管錢的

去哪我都會陪著妳

我只在乎妳

腦婆～
妳覺得我穿這件好看嗎？

腦婆～
妳覺得我們吃那間好嗎？

常問妳意見，不是沒主見，
只是在意妳的感覺。

最佳伴侶星座揭曉

我是太太
頭號粉絲！

不只夫妻臉

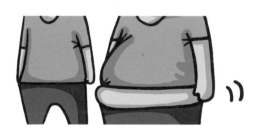

在人群裡，我總是能找到妳

妳是我的一切

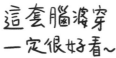

這套腦波穿
一定很好看~

每次看到好東西，
先想到的一定都是妳。

腦公都會在的

在未來的日子裡，不管悲傷難過，
都有我在身旁為妳擦眼淚。

這是我的承諾

有時候 ...... 兩個人相處，
難免有口角。

但我從未停止過，
為妳畫的每日一圖。

再說一次，太太我愛妳

如果沒有遇見妳，我的生活也不會
有這麼多樂趣，這麼的開心。

太太先生

之 不管神隊友還是豬隊友，
你就是我一輩子的牽手！

感動→

作　　者	馬修
編　　輯	徐詩淵
校　　對	徐詩淵、林憶欣
美術設計	劉錦堂

發 行 人	程顯灝
總 編 輯	呂增娣
主　　編	徐詩淵
資深編輯	徐詩淵
編　　輯	鄭婷尹、林憶欣
美術主編	吳嘉芬
美術編輯	劉錦堂
行銷總監	呂增慧
資深行銷	謝儀方、吳孟蓉

發 行 部	侯莉莉
財 務 部	許麗娟、陳美齡
印 務 部	許丁財
出 版 者	四塊玉文創有限公司

總 代 理	三友圖書有限公司
地　　址	106 台北市安和路二段二一三號四樓
電　　話	(02) 2377-4155
傳　　真	(02) 2377-4355
E-mail	service@sanyau.com.tw
郵政劃撥	05844889 三友圖書有限公司

總 經 銷	大和書報圖書股份有限公司
地　　址	新北市新莊區五工五路二號
電　　話	(02) 8990-2588
傳　　真	(02) 2299-7900

製版印刷	卡樂彩色製版印刷有限公司
初　　版	二〇一八年七月
定　　價	新台幣二八〇元
ISBN	978-957-8587-30-4（平裝）

國家圖書館出版品預行編目(CIP)資料

太太先生之不管神隊友還是豬隊友,你就是我一
輩子的牽手! / 馬修作. -- 初版. -- 臺北市：四
塊玉文創, 2018.07

面；　公分

ISBN 978-957-8587-30-4(平裝)

1.兩性關係 2.漫畫
544.7　　　　　　　　　　107009633

SANYAU
http://www.ju-zi.com.tw
三友圖書
友直 友諒 友多聞

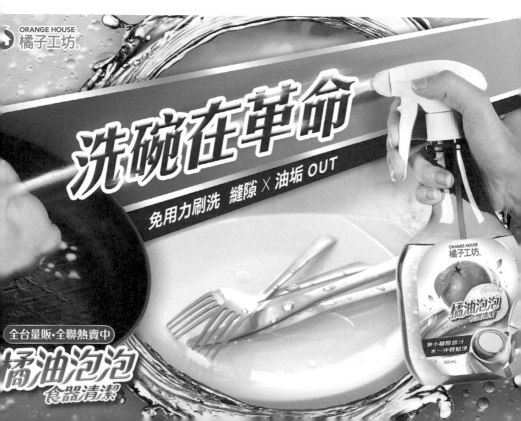

地址： 　　縣/市 　　鄉/鎮/市/區 　　路/街
　　段　　巷　　弄　　號　　樓

三友圖書有限公司 收

SANYAU PUBLISHING CO., LTD.

106　台北市安和路2段213號4樓

親愛的讀者：
感謝您購買《太太先生之不管神隊友還是豬隊友，你就是我一輩子的牽手！》一書，為回饋
您對本書的支持與愛護，只要填妥本回函，並寄回本社，即可成為三友圖書會員，將定期提
供新書資訊及各種優惠給您。

姓名 _____ 出生年月日 _____

電話 _____ E-mail _____

通訊地址 _____

臉書帳號 _____

部落格名稱 _____

1 年齡
☐18歲以下　　☐19歲～25歲　　☐26歲～35歲　　☐36歲～45歲　　☐46歲～55歲
☐56歲～65歲　☐66歲～75歲　　☐76歲～85歲　　☐86歲以上

2 職業
☐軍公教 ☐工 ☐商 ☐自由業 ☐服務業 ☐農林漁牧業 ☐家管 ☐學生
☐其他

3 您從何處購得本書？
☐博客來　☐金石堂網書　☐讀冊　☐誠品網書　☐其他 _____
☐實體書店 _____

4 您從何處得知本書？
☐博客來　☐金石堂網書　☐讀冊　☐誠品網書　☐其他 _____
☐實體書店 _____☐FB（三友圖書-微胖男女編輯社）
☐好好刊（雙月刊）　☐朋友推薦　☐廣播媒體

5 您購買本書的因素有哪些？（可複選）
☐作者 ☐內容 ☐圖片 ☐版面編排 ☐其他 _____

6 您覺得本書的封面設計如何？
☐非常滿意 ☐滿意 ☐普通 ☐很差 ☐其他

7 非常感謝您購買此書，您還對哪些主題有興趣？（可複選）
☐中西食譜　☐點心烘焙　☐飲品類　☐旅遊　☐養生保健　☐瘦身美妝　☐手作　☐寵物
☐商業理財　☐心靈療癒　☐小說　☐其他 _____

8 您每個月的購書預算為多少金額？
☐1,000元以下　　　☐1,001～2,000元　　　☐2,001～3,000元　　　☐3,001～4,000元
☐4,001～5,000元　　☐5,001元以上

9 若出版的書籍搭配贈品活動，您比較喜歡哪一類型的贈品？（可選2種）
☐食品調味類　　☐鍋具類　　☐家電用品類　　☐書籍類　　☐生活用品類　　☐DIY手作類
☐交通票券類　　☐展演活動票券類　　☐其他 _____

10 您認為本書尚需改進之處？以及對我們的意見？
_____

感謝您的填寫，
您寶貴的建議是我們進步的動力！